Buena Prensa

El Rosario
en imágenes

Buena Prensa

Buena Prensa

El Rosario en imágenes

Primera edición: junio 2012
Edición revisada y actualizada de la publicación original: agosto 2017
Tercera reimpresión: abril 2023

ISBN: 978-968-6056-08-2
Con las debidas licencias

México
www.buenaprensa.com

Impreso en México por Litográfica Ingramex, S. A. de C. V.

Presentación

"El Rosario es mi oración predilecta –dijo Juan Pablo II–. ¡Plegaria maravillosa! Maravillosa en su sencillez y en su profundidad. En esa plegaria repetimos muchas veces las palabras que la Virgen oyó del Arcángel y su prima Isabel. Palabras a las que se asocia la Iglesia entera".

"Se puede decir que el Rosario es en cierto modo un comentario-oración sobre el capítulo final de la Constitución *Luz de las gentes,* del Vaticano II, capítulo que trata de la presencia de la Madre de Dios en el misterio de Cristo y de la Iglesia".

"En efecto, con el trasfondo de las Avemaría, pasan ante los ojos del alma los episodios principales de la vida de Jesucristo. El Rosario en su conjunto consta de misterios gozosos, luminosos, dolorosos y gloriosos, y nos pone en comunión vital con Jesucristo a través –se puede decir– del corazón de su Madre".

El objeto de este "Rosario en imágenes" es precisamente el de ayudar a que, con el trasfondo de las Avemaría, pasen no sólo ante los ojos del alma, sino ante los del cuerpo, los episodios principales de la vida de Jesucristo.

Rezarlo algunas veces, pasando página por página solos o en familia ayudará mucho a la imaginación para cuando se rece sin el libro a la vista.

Y será una estupenda instrucción religiosa para los niños.

Oraciones introductorias

Por la señal de la Santa Cruz, de nuestros enemigos líbranos, Señor, Dios nuestro. En el nombre del Padre, y del Hijo, y del Espíritu Santo. Amén.

Señor mío Jesucristo, Dios y hombre verdadero, me pesa de todo corazón de haber pecado, porque he merecido el infierno y perdido el cielo y sobre todo, porque te ofendí a ti, que eres tan bueno y que tanto me amas, y a quien quiero yo amar sobre todas las cosas. Propongo firmemente, con tu gracia, enmendarme y alejarme de las ocasiones de pecar, confesarme y cumplir la penitencia. Confío me perdonarás por tu infinita misericordia. Amén.

Señor, abre mis labios y mi boca anunciará tu alabanza.
–Ven, Dios mío en mi ayuda, apresúrate, Señor, a socorrerme.
Gloria al Padre, y al Hijo, y al Espíritu Santo.
–Como era en el principio, ahora y siempre,
por los siglos de los siglos. Amén.
María, Madre de gracia, Madre de misericordia:
En la vida y en la muerte ampáranos, gran Señora.

Los misterios que se van a considerar hoy son los:

• Misterios gozosos (lunes y sábados), pág. 7.
• Misterios luminosos (jueves), pág. 39.
• Misterios dolorosos (martes y viernes), pág. 71.
• Misterios gloriosos (miércoles y domingos), pág. 103.

Misterios gozosos

•

Lunes y sábados

"María tuvo a su Hijo primogénito;
lo envolvió en pañales y lo recostó en un pesebre"
(Lc 2, 7)

"No hay ninguna prueba más clara ni más grande del amor de Dios, como el hecho de que Dios, creador de todas las cosas, se hiciera una creatura; que nuestro Señor se hiciera hermano nuestro; que el Hijo de Dios se hiciera Hijo del hombre".

Santo Tomás de Aquino, Sobre el Credo.

El nacimiento de nuestro Señor Jesucristo, Hijo de Dios, hijo de la santísima Virgen María, es el centro de los misterios gozosos. Jesús viene a vivir con nosotros y a redimirnos. Que la profunda alegría de estos misterios nos lleve a acompañar a san José y a la Virgen María en su gozo.

Primer misterio

•

La Anunciación del Señor

• *Padrenuestro*

1. El ángel Gabriel es enviado por Dios a Nazaret para que le lleve un mensaje a la Virgen María.

· *Avemaría*

2. La saluda así: "Alégrate, llena de gracia, el Señor está contigo" *(Lc 1, 26-28)*.

· *Avemaría*

3. "Al oír estas palabras, María se preocupó mucho y se preguntaba qué querría decir semejante saludo" *(Lc 1, 29)*.

· *Avemaría*

4. El ángel Gabriel le dijo entonces: "No temas, María, porque has hallado gracia ante Dios. Vas a concebir y a dar a luz un hijo y le pondrás por nombre Jesús *(Lc 1, 30-31)*.

· *Avemaría*

5. María escuchó atentamente las palabras del ángel Gabriel, pero no las comprendió. Por eso le preguntó: "¿Cómo podrá ser esto puesto que yo permanezco virgen?" *(Lc 1, 34)*.

· *Avemaría*

6. Gabriel respondió: "El Espíritu Santo descenderá sobre ti. El Santo que va a nacer de ti, será llamado Hijo de Dios".

· *Avemaría*

7. Cuando María escuchó estas palabras del ángel, se tranquilizó profundamente.

· *Avemaría*

8. Y le contestó: "Yo soy la esclava del Señor; cúmplase en mí lo que me has dicho *(Lc 1, 38)*.

· *Avemaría*

9. El ángel Gabriel se retira. Ella, la Madre de Dios, conserva todas estas cosas en su corazón y las medita.

· *Avemaría*

10. María santísima anhelaba la llegada del Mesías para que nos salvara.

· *Avemaría. Gloria al Padre...*

Segundo misterio

La Visitación de la santísima Virgen a su prima santa Isabel

· *Padrenuestro*

11. María se encaminó presurosa a las montañas de Judea para felicitar a su prima Isabel y para ayudarla *(Lc 1, 39)*.

· *Avemaría*

12. El camino era largo, pero a María santísima se le hizo corto. Llevaba a Dios en sus entrañas.

· *Avemaría*

13. Cuando Isabel ve llegar a María, sale rápidamente a su encuentro, la abraza y la besa.

· *Avemaría*

14. Isabel exclama: "¡Bendita tú entre las mujeres y bendito el fruto de tu vientre!" *(Lc 1, 42)*.

· *Avemaría*

15. Prosigue Isabel: "¿Quién soy yo para que la madre de mi Señor venga a verme?" *(Lc 1, 43)*.

· Avemaría

16. Y añade: "Dichosa tú, que has creído, porque se cumplirá cuanto te fue anunciado de parte del Señor" *(Lc 1, 45)*.

· Avemaría

17. María se desborda de alegría diciendo: "¡Mi alma glorifica al Señor y mi espíritu se llena de júbilo!" *(Lc 1, 46-47).*

· *Avemaría*

18. "Mi espíritu se llena de júbilo en Dios mi salvador, porque puso sus ojos en la humildad de su esclava" *(Lc 1, 47-48).*

· *Avemaría*

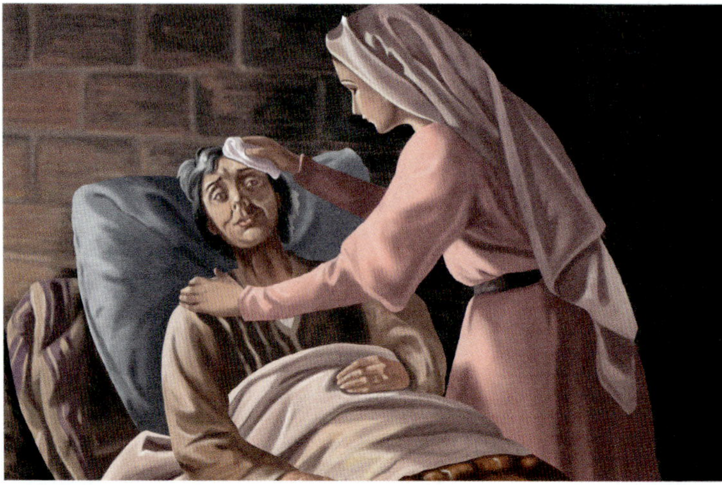

19. María manifiesta a Isabel el deseo de quedarse con ella para ayudarla en todo lo que sea necesario. Isabel acepta, agradecida.

· *Avemaría*

20. María participó en la alegría del nacimiento de Juan, el Bautista, y volvió a Nazaret.

· *Avemaría. Gloria al Padre...*

Tercer misterio

•

El nacimiento del Niño Dios

• *Padrenuestro*

21. César Augusto mandó hacer un censo. Los súbditos tenían que empadronarse en su lugar de origen *(Lc 2, 1-2)*.

· *Avemaría*

22. José y María fueron a empadronarse en Belén. A María le faltaban unos cuantos días para ser mamá *(Lc 2, 3-5)*.

· *Avemaría*

23. Llegaron a Belén, pero "no hubo lugar para ellos en la posada" *(Lc 2, 7)*. José estaba angustiado y no sabía dónde ir.

· *Avemaría*

24. Finalmente, José encuentra una cueva, refugio de pastores y animales, y en ella se instaló, junto con su santísima esposa.

· *Avemaría*

25. "Mientras estaban ahí, le llegó a María el tiempo de dar a luz y tuvo a su hijo primogénito; lo envolvió en pañales y lo recostó en un pesebre" *(Lc 2, 6-7)*.

· *Avemaría*

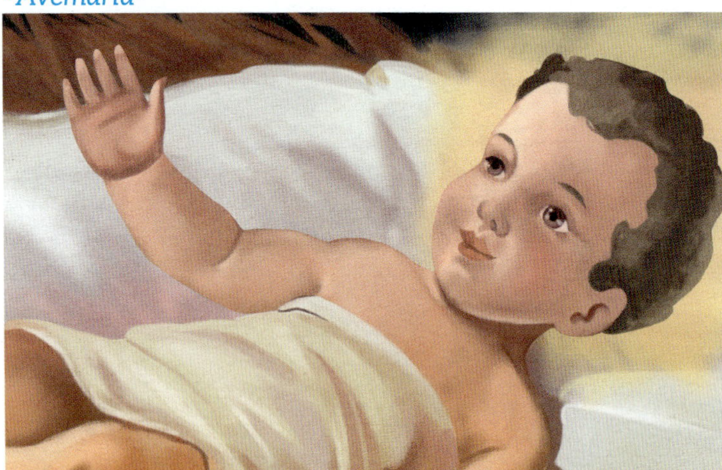

26. Entre las pajas de un pesebre está recostado Dios hecho niño.

· *Avemaría*

27. Los ángeles cantan un himno: "¡Gloria a Dios en el cielo, y en la tierra paz a los hombres de buena voluntad!" *(Lc 2, 13-14).*

· *Avemaría*

28. Un ángel avisa a unos pastores: "Les traigo una buena noticia: hoy les ha nacido el Mesías, el Señor".

· *Avemaría*

29. "Encontrarán al niño envuelto en pañales y recostado en un pesebre" *(Lc 2, 10-11)*.

· *Avemaría*

30. Los pastores fueron corriendo a Belén "y encontraron a María, a José y al niño, recostado en el pesebre" *(Lc 2, 16-18)*.

· *Avemaría. Gloria al Padre...*

Cuarto misterio

•

La Presentación del Niño Jesús

• *Padrenuestro*

31. Los primogénitos judíos debían ser consagrados al Señor. José y María llevan al niño Jesús al templo *(Lc 2, 22-24)*.

· *Avemaría*

32. Jesús, maestro y Mesías, no viene a abolir la ley, sino a darle plenitud (Mt 5, 17). Por eso se sujeta a aquella prescripción.

· *Avemaría*

33. La ley marcaba como ofrenda de los pobres: un par de tórtolas o dos pichones *(Lc 2, 24)*.

· *Avemaría*

34. Había en Jerusalén un hombre justo, llamado Simeón. En esos momentos se encontraba en el templo.

· *Avemaría*

35. El Espíritu Santo le había revelado que no moriría sin ver primero al Mesías *(Lc 2, 25-27)*.

· *Avemaría*

36. Tomó en sus brazos al niño y exclamó: "¡Señor, ya puedes dejar morir en paz a tu siervo, porque mis ojos han visto a tu salvador!".

· *Avemaría*

37. Y añadió: "Este niño ha sido puesto para ruina y resurrección de muchos en Israel" *(Lc 2, 34-35)*.

· *Avemaría*

38. Y, dirigiéndose a la santísima Virgen María, le anunció: "Y a ti, una espada te atravesará el alma" *(Lc 2, 35)*.

· *Avemaría*

39. Se presentó también una santa mujer, Ana, que se había dedicado al servir al Señor.

· *Avemaría*

40. También ella se acercó para ver al niño Jesús y se puso a dar gracias a Dios públicamente *(Lc 2, 36-38)*.

· *Avemaría. Gloria al Padre...*

Quinto misterio

•

El Niño Jesús perdido y hallado en el templo

· *Padrenuestro*

41. Cuando Jesús cumplió doce años, acompañó a sus padres a Jerusalén, para celebrar la fiesta de la Pascua *(Lc 2, 41).*

· *Avemaría*

42. En el templo de Jerusalén la Sagrada Familia se une a las plegarias y sacrificios que ofrecen los sacerdotes.

· *Avemaría*

43. Jesús niño eleva también su oración al Padre. Mira aquellos sacrificios de animales, incapaces de salvar a los hombres.

· *Avemaría*

44. José y María iban camino a Galilea. Pero, al fin de la primera jornada, descubrieron que Jesús no iba con ellos.

· *Avemaría*

45. Jesús, en vez de volver a Nazaret, se quedó en Jerusalén. Fue al templo y se puso a platicar con los doctores de la ley *(Lc 2, 43. 46)*.

· *Avemaría*

46. Al tercer día José y María lo encontraron en el templo, sentado en medio de los doctores *(Lc 2, 46-47)*.

· *Avemaría*

47. María se acercó a Jesús y le dijo: "Hijo mío, ¿por qué te has portado así con nosotros?" *(Lc 2, 48)*.

· *Avemaría*

48. Jesús le respondió: "¿Por qué me andaban buscando? ¿No sabían que debo ocuparme de las cosas de mi Padre?".

· *Avemaría*

49. Ellos no entendieron sus palabras. Y entonces Jesús volvió con ellos a Nazaret.

· *Avemaría*

50. María guardaba todas estas cosas en su corazón. Jesús vivió con ellos, como hijo de familia.

· *Avemaría. Gloria al Padre...*

Las oraciones finales y la letanía están en las páginas 135-138.

Misterios luminosos

•

Jueves

"Aquel que es la Palabra era la luz verdadera que ilumina a todo hombre que viene a este mundo… Vino a los suyos y los suyos no lo recibieron; pero a todos los que lo recibieron les concedió poder llegar a ser hijos de Dios…" (Jn 1, 9. 11-12)

Pasando de la infancia y de la vida de Nazaret a la vida pública de Jesús, la contemplación nos lleva a los misterios que se pueden llamar de manera especial "misterios de luz". En realidad, todo el misterio de Cristo es luz. Él es "la luz del mundo" (Jn 8, 12). Pero esta dimensión se manifiesta sobre todo en los años de la vida pública, cuando anuncia el evangelio del Reino".

Juan Pablo II, Carta apostólica *Rosarium Virginis Mariæ*, 21.

Durante su vida pública, el Señor nos enseña a enfocar nuestra vida en el optimismo del amor de Dios, a revisar continuamente nuestra vida, a arrepentirnos y a perdonar. Tenemos el privilegio de ser hijos de Dios. El Señor asocia a María en la obra redentora. Que la meditación de estos misterios nos anime a estudiar la enseñanza de Jesús y a convertirla en nuestro estilo de vida.

Primer misterio

•

El Bautismo de Jesús

• *Padrenuestro*

51. Juan el Bautista predicaba en el desierto: Arrepiéntanse, el Reino de Dios está cerca.

· *Avemaría*

52. La gente le preguntaba a Juan; "¿Qué debemos hacer?". Él contestó: "El que tenga dos túnicas que dé una al que no tiene y quien tenga comida, que haga lo mismo".

· *Avemaría*

53. Acudían a Juan de todas partes y confesaban sus pecados. Él los bautizaba con agua en el río Jordán en señal de que se habían arrepentido de sus pecados.

· *Avemaría*

54. Un día vio Juan que Jesús venía hacia él y exclamó: Éste es el Cordero de Dios, el que quita el pecado del mundo.

· *Avemaría*

55. Se acercó Jesús a Juan y le pidió que lo bautizara. Juan le dijo a Jesús: "Yo soy quien debe ser bautizado por ti ¿y tú vienes a que yo te bautice?".

· *Avemaría*

56. Jesús respondió a Juan: "Haz ahora lo que digo, porque es necesario que así cumplamos todo lo que Dios quiere". Entonces Juan accedió a bautizarlo.

· *Avemaría*

57. Se abrió el cielo y el Espíritu Santo descendió sobre Jesús. Del cielo llegó una voz que decía: "Éste es mi Hijo muy amado, en quien tengo mis complacencias".

· *Avemaría*

58. Juan le dijo al pueblo: "Yo bautizo con agua, pero Jesús los bautizará con el Espíritu Santo".

· *Avemaría*

59. Después comenzó Jesús a predicar diciendo: “Conviértanse porque ya está cerca el Reino de los cielos”.

· *Avemaría*

60. Andaba Jesús por toda Galilea, enseñando en las sinagogas y proclamando la Buena Nueva del Reino de Dios.

· *Avemaría. Gloria al Padre...*

Segundo misterio

Autorrevelación del Señor en las bodas de Caná

• *Padrenuestro*

61. Hubo una boda en Caná de Galilea, a la cual asistió Jesús con sus discípulos.

· *Avemaría*

62. También asistió a la boda María, la madre de Jesús.

· *Avemaría*

63. El vino se acabó y los novios se vieron en aprietos.
· *Avemaría*

64. María le dijo a Jesús: "Ya no tienen vino".
· *Avemaría*

65. Jesús le contestó a María: "Mujer, ¿qué podemos hacer tú y yo? Todavía no llega mi hora".

· *Avemaría*

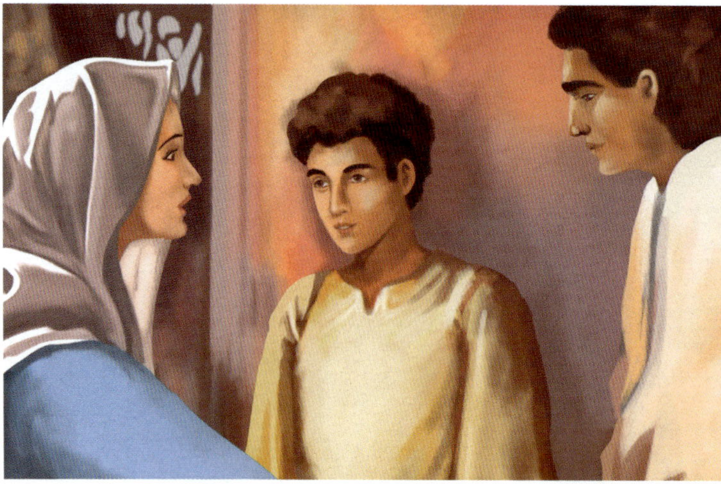

66. Pero María le dijo a los que servían: "Hagan lo que él les diga".

· *Avemaría*

67. Jesús ordenó que llenaran con agua unas tinajas y al final obtuvieron vino de mejor calidad. Fue el primero de sus signos.

· *Avemaría*

68. Después se fue a Cafarnaúm con su Madre, sus parientes y sus discípulos, pero no se quedaron ahí por mucho tiempo.

· *Avemaría*

69. Jesús llegó a Jerusalén y encontró en el Templo a los vendedores, a los cuales echó a latigazos.

· *Avemaría*

70. Mientras estuvo en Jerusalén, muchos creyeron en él al ver los prodigios que hacía.

· *Avemaría. Gloria al Padre...*

Tercer misterio

•

El anuncio del Reino de Dios y la invitación a la conversión

• Padrenuestro

71. El diablo llevó a Jesús a un monte muy alto y le dijo: "Te daré todo esto si me adoras". Jesús le contestó: "Retírate, Satanás. Está escrito: *Adorarás al Señor, tu Dios, y a él sólo servirás*".

· Avemaría

72. Jesús subió a un monte y les dijo a sus discípulos: "Felices los pobres de espíritu, porque de ellos es el Reino de los cielos."

· Avemaría

73. Jesús contestó al doctor de la ley que le preguntaba cómo conseguir la vida eterna: "Amarás al Señor, tu Dios, con todo tu corazón, con toda tu alma, con todas tus fuerzas y a tu prójimo como a ti mismo".

· *Avemaría*

74. Los discípulos le preguntaron a Jesús quién era el más grande en el Reino de los cielos. Jesús contestó: "Si no cambian y se hacen como niños, no entrarán en el Reino de los cielos. Quien se haga como niño, será grande en el Reino de los cielos".

· *Avemaría*

75. Cuando oren, digan: "Padre, santificado sea tu nombre, venga tu Reino, danos nuestro pan de cada día y perdona nuestras ofensas como también nosotros perdonamos a los que nos ofenden".

· *Avemaría*

76. Jesús contestó a los que le llevaron a una mujer adúltera: "Aquel de ustedes que no tenga pecado, que le tire la primera piedra".

· *Avemaría*

77. Jesús le dijo a la mujer adúltera: "Tampoco yo te condeno, vete y ya no vuelvas a pecar".

· *Avemaría*

78. Jesús contestó a la pregunta sobre quiénes eran los que se salvaban: "Esfuércense por entrar por la puerta angosta, pues yo les aseguro que muchos tratarán de entrar y no podrán".

· *Avemaría*

79. Jesús es el Buen Pastor, que da la vida por sus ovejas. El asalariado abandona y huye porque no le importan las ovejas.

· *Avemaría*

80. Jesús nos dice que ha venido como luz del mundo, para que todo el que crea en él no siga en tinieblas.

· *Avemaría. Gloria al Padre...*

Cuarto misterio

•

La Transfiguración del Señor

• *Padrenuestro*

81. Cuando Jesús encontró a la samaritana en el pozo de Jacob le dijo que el que bebiera del agua de ese pozo volvería a tener sed; pero el que bebiera del agua que él nos da, nunca más tendría sed.

· *Avemaría*

82. Jesús le dijo al ciego de nacimiento: "¿Crees tú en el Hijo del hombre?". El ciego le dijo que no lo conocía y Jesús le contestó: "El que está hablando contigo, ése es". El ciego creyó y postrándose, lo adoró.

· *Avemaría*

83. Jesús fue con tres de sus discípulos a orar en un monte elevado. Allí se transfiguró: su rostro brilló como el sol y sus vestiduras se pusieron esplendorosamente blancas.

· *Avemaría*

84. En el monte de la transfiguración aparecieron Moisés y Elías, conversando con Jesús.

· *Avemaría*

85. En el mismo sitio de la transfiguración, Pedro le dijo a Jesús: "¡Qué a gusto estamos aquí! Hagamos tres chozas".

· *Avemaría*

86. El día de la transfiguración, en realidad Pedro no sabía lo que decía, porque estaba asustado. Se formó entonces una nube que cubrió con su sombra a los discípulos.

· *Avemaría*

87. Y de esa nube salió una voz que decía: "Éste es mi Hijo amado, escúchenlo".

· *Avemaría*

88. Al oír la voz del Padre que nos pidió que escucháramos a Jesús, los discípulos cayeron rostro en tierra, llenos de un gran temor.

· *Avemaría*

89. Al ver Jesús el miedo de los discípulos, se acercó a ellos, los tocó y les dijo: "Levántense y no teman".

· *Avemaría*

90. Cuando bajaban de la montaña, Jesús les mandó que no contaran a nadie lo que habían visto hasta que el Hijo del hombre resucitara de entre los muertos.

· *Avemaría. Gloria al Padre...*

Quinto misterio

•

La institución de la Eucaristía

• *Padrenuestro*

91. El Domingo de Ramos la gente, muy numerosa, extendía sus mantos por el camino y gritaba: "¡Viva el Hijo de David! ¡Bendito el que viene en nombre del Señor!".

· *Avemaría*

92. En la Última Cena que el Señor celebró con sus discípulos, Pedro se opuso a que Jesús le lavara los pies, pero éste le contestó: "Lo que estoy haciendo tú no lo entiendes ahora, lo comprenderás más tarde".

· *Avemaría*

93. Jesús les dijo a sus discípulos: "Si yo, que soy el Maestro y el Señor, les he lavado los pies, también ustedes deben lavarse los pies los unos a los otros".

· *Avemaría*

94. "Yo les aseguro: El sirviente no es más importante que su amo, ni el enviado es mayor que el que lo envía. Si entienden esto y lo ponen en práctica, serán dichosos".

· *Avemaría*

95. En la institución de la Eucaristía, el Señor tomó un pan, pronunció la bendición, lo partió y lo dio a sus discípulos, diciendo: "Tomen y coman. Éste es mi cuerpo".

· *Avemaría*

96. Y con una copa de vino les dijo: "Beban todos de ella, porque ésta es mi sangre, sangre de la alianza nueva y eterna, que será derramada por ustedes y por muchos para el perdón de los pecados".

· *Avemaría*

97. El Señor nos dijo: "Hijitos, les doy un mandamiento nuevo: que se amen los unos a los otros como yo los he amado. Por este amor reconocerán todos que son mis discípulos".

· *Avemaría*

98. También nos dijo el Señor: "No pierdan la paz. Si creen en Dios, crean también en mí. En la casa de mi Padre hay muchas habitaciones... Voy a prepararles un lugar".

· *Avemaría*

99. "Yo soy el camino, la verdad y la vida. Nadie va al Padre si no es por mí".

· Avemaría

100. En la Misa, el pan y el vino consagrados hacen presente la resurrección del Señor. Cómo el Señor resucitó, también nosotros resucitaremos.

· Avemaría. Gloria al Padre...

Las oraciones finales y la letanía están en las páginas 135-138.

Misterios dolorosos

•

Martes y viernes

"Cuando llegaron al lugar llamado 'la Calavera' crucificaron allí a Jesús" (Lc 23, 33). "Jesús, clamando con voz potente, dijo: '¡Padre, en tus manos encomiendo mi espíritu!'. Y dicho esto, expiró" (Lc 24, 46).

"Nosotros, cristianos, mirando a Jesús crucificado, encontramos la fuerza para aceptar el misterio del sufrimiento. El cristiano sabe que Dios mismo ha querido entrar en nuestro dolor, experimentar nuestra angustia, pasar por la agonía del espíritu y el desgarramiento del cuerpo. La fe en Cristo no suprime el sufrimiento, pero lo ilumina, lo eleva, lo purifica, lo sublima, lo vuelve válido para la eternidad"

(Juan Pablo II, alocución del 24 de marzo de 1979).

Todo el dolor de Jesús y de la santísima Virgen se concentra en la crucifixión y muerte de nuestro Señor, que nos redime en la forma en que el Padre quiere. Que la meditación de los misterios dolorosos nos conduzca a participar íntimamente del sufrimiento de nuestro Señor y de su Madre santísima.

Primer misterio

•

La Oración en el huerto

• *Padrenuestro*

101. Al llegar al huerto, Jesús dijo a sus discípulos: "Mi alma está triste hasta la muerte. Quédense aquí y velen conmigo" *(Mt 26, 37-38)*.

· *Avemaría*

102. "¡Padre mío, si es posible, que pase de mí este cáliz; pero que no se haga como yo quiero, sino como quieres tú" *(Mt 26, 39)*.

· *Avemaría*

103.Volvió al lugar donde estaban Pedro, Santiago y Juan, los encontró dormidos y le dijo a Pedro: "Velen y oren" *(Mc 14, 37. 38)*.

· *Avemaría*

104. Y se retiró para repetir su misma oración al Padre *(Mt 26, 40-42)*.

· *Avemaría*

105. Los apóstoles seguían dormidos sin caer en la cuenta de lo que pasaba.

· *Avemaría*

106. En su angustia mortal, Jesús oraba y comenzó a sudar gruesas gotas de sangre, que caían hasta el suelo *(Lc 22, 44)*.

· *Avemaría*

107. Jesús, el Hijo de Dios, suplica con enternecedora insistencia, agoniza y suda sangre.

· *Avemaría*

108. Fue hacia los discípulos y les dijo: "¡Levántense! ¡Vamos! Ya está aquí el que me va a entregar" *(Mt 26, 46)*.

· *Avemaría*

109. Judas se acerca a Jesús para besarlo. Jesús le dice: "¿Con un beso entregas al Hijo del hombre?" *(Lc 22, 47-48).*

· *Avemaría*

110. Precisamente porque quiere cumplir la voluntad del Padre, Jesús no quiere que lo defiendan ni sus discípulos ni los ángeles.

· *Avemaría. Gloria al Padre...*

Segundo misterio

•

La flagelación de nuestro Señor Jesucristo

• *Padrenuestro*

111. Llevaron a Jesús a casa del sumo sacerdote Caifás, donde estaban reunidos los judíos *(Mt 26, 57)*.

· *Avemaría*

112. El sumo sacerdote pregunta solemnemente a Jesús si él es el Mesías. Jesús le responde: "Sí lo soy" *(Mt 26, 54)*.

· *Avemaría*

113. El sumo sacerdote rasga sus vestiduras y exclama: "¡Ha blasfemado! Es reo de muerte" *(Mt 26, 66-67)*.

· *Avemaría*

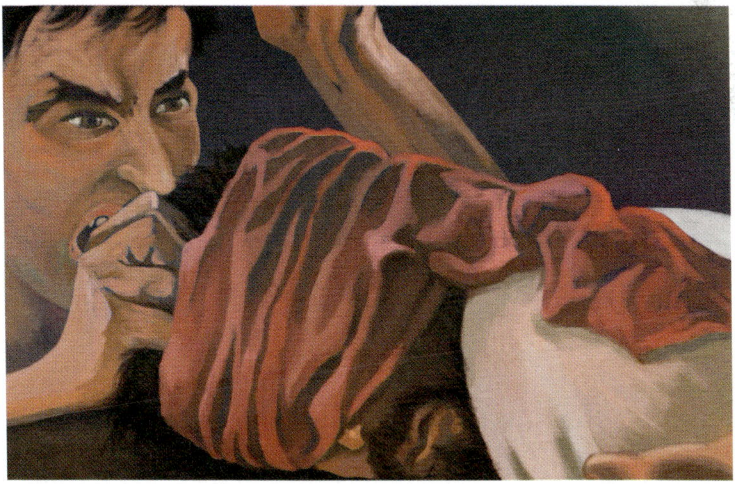

114. Le escupieron, le dieron de bofetadas y se burlaron de él *(Mt 26, 65-68)*.

· *Avemaría*

115. El consejo de ancianos, con los sacerdotes y escribas llevaron a Jesús, atado, ante Pilato *(Lc 23, 1)*.

· *Avemaría*

116. Gritaban los judíos: "Este hombre se opone a que se pague el tributo al César y dice que él es el Mesías rey" *(Lc 23, 2)*.

· *Avemaría*

117. Jesús es declarado inocente por Pilato y, sin embargo, es condenado a un escarmiento: la flagelación *(Lc 23, 22)*.

· *Avemaría*

118. Jesús, nuestro Dios y Señor, es golpeado, profanado, convertido en el objeto de burlas y chistes de cuartel.

· *Avemaría*

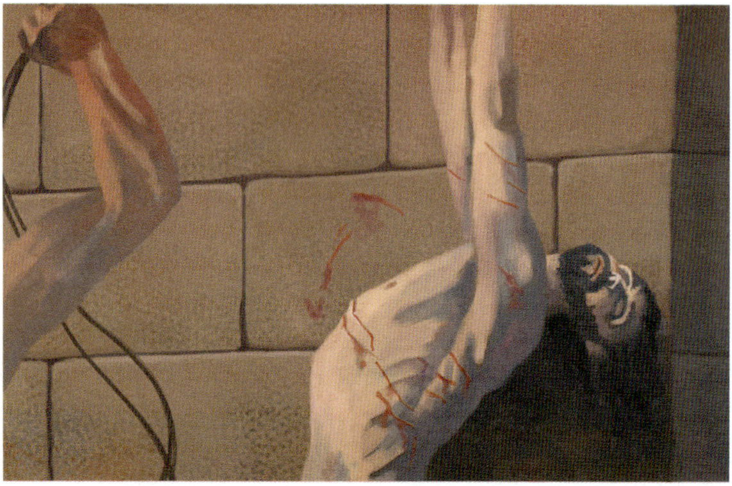

119. El tormento de la flagelación es crudelísimo. La espalda del Señor, los brazos y las piernas se desgarran.

· *Avemaría*

120. "Él soportó nuestros sufrimientos y dolores. Por sus llagas hemos sido curados" *(Isaías 53, 4-5)*.

· *Avemaría. Gloria al Padre...*

Tercer misterio

•

La coronación de espinas

• Padrenuestro

121. Los soldados romanos se muestran especialmente feroces con aquel judío *(Mt 27, 27)*.

· Avemaría

122. Le ponen un viejo trapo rojo, como si fuera un manto real. Una caña en la mano como cetro *(Mt 27, 20-29)*.

· Avemaría

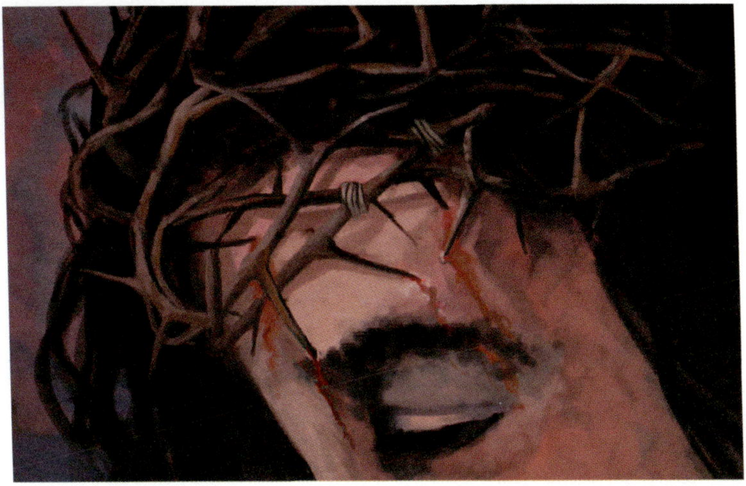

123. Le clavan en la cabeza una corona de espinas. La sangre le corre por doquiera.

· *Avemaría*

124. Los soldados romanos se arrodillan ante Jesús y le dicen: "¡Viva el rey de los judíos!" *(Mt 27, 29-30)*.

· *Avemaría*

125. Sufrimiento, humillaciones, golpes, burlas… Todo esto padecido por nuestro Señor Jesucristo en completo silencio.

· Avemaría

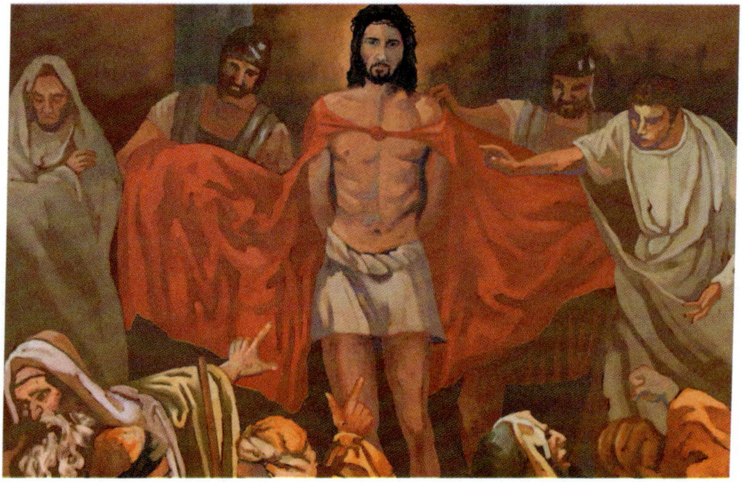

126. Pilato presentó a Jesús ante los judíos. Ellos gritaron: "¡Crucifícalo, crucifícalo!" *(Jn 19, 5-6)*.

· Avemaría

127. Todo lo sufrió en silencio. Éste es el Cordero de Dios que quita el pecado del mundo *(Jn 1, 36).*

· *Avemaría*

128. Pilato le dijo a Jesús: "¿No sabes que tengo autoridad para soltarte o para crucificarte?" *(Jn 19, 10).*

· *Avemaría*

129. Pilato trataba de liberar a Jesús. Pero los judíos le gritaron: "¡Si sueltas a ése, no eres amigo del César!" *(Jn 19, 7. 12)*.

· Avemaría

130. Pilato se lavó las manos y lo entregó a los judíos. Éstos gritaron: "¡Que su sangre caiga sobre nosotros y sobre nuestros hijos!" *(Mt 27, 24-25)*.

· Avemaría. Gloria al Padre...

Cuarto misterio

•

Jesús con la cruz a cuestas

· *Padrenuestro*

131. Rodeado por la multitud, todo ensangrentado y sudoroso, desfigurado su divino rostro, Jesús carga su cruz.

· *Avemaría*

132. ¡Qué pesada aquella cruz, que hace caer al Señor por tierra!

· *Avemaría*

133. Jesús agradece la compasión de las mujeres. Sin embargo, les dice: "Hijas de Jerusalén, no lloren por mí" *(Lc 23, 28)*.

· Avemaría

134. Y prosigue: "Lloren más bien por ustedes y por sus hijos, porque van a venir días en que se dirá: 'Dichosas las estériles" *(Lc 23, 28-29)*.

· Avemaría

135. Camino del Calvario, nuestro Señor y su Madre santísima se encuentran en medio de aquella muchedumbre.

· *Avemaría*

136. María descubre a su Hijo queridísimo detrás de aquel rostro desfigurado. ¡Qué dolor el de aquella Madre!

· *Avemaría*

137. Jesús es despojado de sus vestiduras, ya que se le habían pegado al cuerpo sobre las llagas.

· *Avemaría*

138. Le dieron a beber a Jesús vino mezclado con hiel: él lo probó, pero no lo quiso beber *(Mt 27, 33-34)*.

· *Avemaría*

139. Los que lo crucificaron se repartieron los vestidos de nuestro Señor, echando suertes *(Mt 27, 35)*.

· *Avemaría*

140. Ya está todo preparado para el momento más sublime: la crucifixión del Hijo de Dios.

· *Avemaría. Gloria al Padre...*

Quinto misterio

•

La crucifixión y muerte de nuestro Divino Salvador

• *Padrenuestro*

141. Sin ninguna compasión, Jesús es clavado en la cruz. El dolor es agudísimo. Así cumple él la voluntad del Padre.

• *Avemaría*

142. La santísima Virgen participa de los dolores de su Hijo, como verdadera esclava del Señor.

• *Avemaría*

143. ¡Benditos pies de nuestro Señor, ahora cruelmente traspasados! ¡Cuántos caminos recorrieron para buscar a la oveja perdida!

· *Avemaría*

144. Jesús decía desde la cruz: "Padre, perdónalos, porque no saben lo que hacen" *(Lc 23, 34)*.

· *Avemaría*

145. Un ladrón rogó: "Señor, cuando llegues a tu Reino, acuérdate de mí". Jesús le dijo: "Hoy estarás conmigo en el paraíso" *(Lc 23, 39-43)*.

· *Avemaría*

146. Jesús gritó con voz potente: "Dios mío, Dios mío, ¿por qué me has abandonado?" *(Mt 15, 34)*.

· *Avemaría*

147. Desde la cruz el Señor dice a María: "Mujer, ahí está tu hijo". Luego le dice a Juan: "Ahí está tu madre" *(Jn 19, 25-26)*.

· Avemaría

148. Dándose cuenta de que su misión ha terminado, Jesús dice: "Todo está cumplido" *(Jn 19, 30)*.

· Avemaría

149. El sacrificio de Cristo en el Calvario anula los sacrificios del Antiguo Testamento.

· *Avemaría*

150. Finalmente, nuestro Señor lanzó un grito y diciendo "Padre, en tus manos encomiendo mi espíritu", expiró *(Lc 23, 46).*

· *Avemaría. Gloria al Padre...*

Las oraciones finales y la letanía están en las páginas 135-138.

Misterios gloriosos

•

Miércoles y domingos

"La cruz no significa solamente sufrimiento,
sino un sufrimiento que conduce a la gloria;
no quiere decir solamente pasión, sino pasión
que lleva a resucitar. Por eso el proverbio: 'Por la cruz
se va a la luz' nos indica que nuestra cruz,
cristianamente vivida, florece en una Pascua"
(Juan Pablo II)

El esplendor de la gloria de nuestro Señor se manifiesta en su resurrección: estuvo muerto y volvió a la vida. Él es la primicia. También nosotros resucitaremos junto con él y compartiremos su gloria. Meditar esto durante los cinco misterios gloriosos es el mayor consuelo de esta vida.

Primer misterio

•

La Resurrección del Señor

• *Padrenuestro*

151. María Magdalena va al sepulcro y, al encontrarlo vacío, corre a avisar a los discípulos *(Jn 20, 1-2)*.

• *Avemaría*

152. Pedro y Juan fueron corriendo al sepulcro. Juan llegó primero, pero no entró *(Jn 20, 3-5)*.

• *Avemaría*

153. Cuando Pedro llegó al sepulcro, entró y vio los lienzos con que habían envuelto a nuestro Señor *(Jn 20, 6)*.

· Avemaría

154. María Magdalena se había quedado llorando junto al sepulcro de Jesús *(Jn 20, 11)*.

· Avemaría

155. Se asomó al sepulcro y vio a dos ángeles vestidos de blanco *(Jn 20, 12)*.

· *Avemaría*

156. María vio a Jesús pero creyó que era el jardinero. Él le dijo: "¡María!" *(Jn 20, 16)*.

· *Avemaría*

157. Ella le contestó: "¡Maestro mío!". El Señor le ordenó: "Ve a decir a mis hermanos que he resucitado" *(Jn 20, 17)*.

· *Avemaría*

158. María Magdalena fue a ver a los discípulos para darles el mensaje del Señor *(Jn 20, 18)*.

· *Avemaría*

159. Jesús se aparece a sus apóstoles y les dice: "No teman; soy yo. Miren mis manos y mis pies" *(Lc 24, 38-39).*

· *Avemaría*

160. "Soy yo en persona. Tóquenme y convénzanse". Y les mostró las manos y los pies *(Lc 24, 39-40).*

· *Avemaría. Gloria al Padre...*

Segundo misterio

•

La Ascensión
de nuestro Señor
a los cielos

• *Padrenuestro*

161. El Señor les dijo: "Soy yo en persona". Y les mostró las manos y los pies" *(Lc 24, 39-40)*.

· *Avemaría*

162. El Señor les dijo: "¿Tienen aquí algo de comer?". Le ofrecieron un trozo de pescado y él lo tomó *(Lc 24, 41-43)*.

· *Avemaría*

163. Tomás no creía en la resurrección, porque no había visto al Señor. Jesús lo invita a tocar sus heridas *(Jn 20, 26-29)*.

· *Avemaría*

164. Jesús les explica que lo que había sucedido era en cumplimiento de lo que estaba escrito de él, en Moisés y en los profetas *(Lc 22, 44)*.

· *Avemaría*

165. Jesús confía a sus apóstoles el poder de enseñar y bautizar a todas las naciones. Y empieza a elevarse hacia el cielo *(Mt 28, 18-20)*.

· Avemaría

166. El Señor "se fue elevando a la vista de los discípulos hasta que una nube lo ocultó a sus ojos" *(Hech 1, 9)*.

· Avemaría

167. La nube oculta al Señor, que asciende; los discípulos clavan su mirada en la nube.

· *Avemaría*

168. María acepta aquella nueva separación repitiendo, dentro de sí: "hágase la voluntad de Dios".

· *Avemaría*

169. Entonces aparecieron dos ángeles que les dijeron: "Ese mismo Jesús que ha subido, volverá como se ha ido" *(Hech 1, 11)*.

· *Avemaría*

170. Después de la ascensión de Jesús a los cielos, los apóstoles regresaron a Jerusalén y permanecieron en oración *(Lc 24, 52-53)*.

· *Avemaría. Gloria al Padre...*

Tercer misterio

La venida del Espíritu Santo el día de Pentecostés

• *Padrenuestro*

171. Jesús había prometido enviar al Espíritu Santo. Los apóstoles, junto con la santísima Virgen, esperaban orando *(Hech 1, 14)*.

· *Avemaría*

172. El Espíritu Santo es enviado por el Padre y el Hijo. Es un don, el Consolador, el maestro de la verdad, el valor y fortaleza.

· *Avemaría*

173. El día de Pentecostés, escucharon un ruido muy fuerte y aparecieron lenguas de fuego sobre cada uno de ellos, y se llenaron del Espíritu Santo *(Hech 2, 1-4)*.

· Avemaría

174. Abriendo las puertas del cenáculo, los apóstoles comienzan a predicar a los judíos que habían acudido a ver lo que sucedía *(Hech 2, 6)*.

· Avemaría

175. Entonces Pedro toma la palabra y les dice: "Ustedes crucificaron a Jesús de Nazaret" *(Hech 2, 22).*

· *Avemaría*

176. "...pero Dios lo resucitó de entre los muertos y nosotros somos testigos de ello" *(Hech 3, 15).*

· *Avemaría*

177. Conmovidos los judíos con las palabras de Pedro, preguntaban: "¿Qué debemos hacer?" *(Hech 2, 37).*

· *Avemaría*

178. Pedro les contestó: "...Arrepiéntanse, bautícense y recibirán el Espíritu Santo" *(Hech 2, 38).*

· *Avemaría*

179. Los bautizados en aquel día fueron tres mil. Comenzaba la primera comunidad cristiana.

· *Avemaría*

180. El Bautismo nos une a Jesús y nos hace miembros de la Iglesia. Nos hace hijos de Dios y templos del Espíritu Santo.

· *Avemaría. Gloria al Padre...*

Cuarto misterio

•

La Asunción de nuestra Señora

• *Padrenuestro*

181. Jesús resucitado no podía olvidar a su santísima Madre. Se le aparece radiante de gloria.

• *Avemaría*

182. Los resplandores de esa gloria empiezan a transfigurar el cuerpo inmaculado de María santísima.

• *Avemaría*

183. El anhelo que abrigaba nuestra Señora de estar con su Hijo, se convierte en una realidad.

· *Avemaría*

184. El Señor la invita a ir hacia él para cambiar su pena en alegría.

· *Avemaría*

185. ¡Qué realidad tan maravillosa el encuentro de aquel Hijo con aquella Madre! ¡Qué gozo tan indescriptible!

· *Avemaría*

186. Jesucristo, rey del universo, asocia a su Madre santísima en su obra redentora.

· *Avemaría*

187. La santísima Virgen María, inmaculada, termina su permanencia en esta vida y es llevada al cielo en cuerpo y alma.

· *Avemaría*

188. María contempla al Señor. Las riquezas de Dios iluminan maravillosamente sus ojos, su rostro y todo su cuerpo.

· *Avemaría*

189. La fiesta de la Asunción celebra el triunfo definitivo de la santísima Virgen, nuestra Señora.

· *Avemaría*

190. Ahora tienen perfecto cumplimiento esas palabras de María: "Me llamarán dichosa todas las generaciones" *(Lc 1, 48)*.

· *Avemaría. Gloria al Padre...*

Quinto misterio

•

La Coronación
de nuestra Señora
como Reina de los cielos
y la tierra

• *Padrenuestro*

191. Nuestro Señor constituye a Pedro como piedra fundamental de su Reino *(Jn 21)*.

· *Avemaría*

192. "Cuando el Espíritu Santo descienda sobre ustedes, los llenará de fortaleza" *(Hech 1, 8)*.

· *Avemaría*

193. "Ustedes serán mis testigos en Jerusalén y hasta los últimos rincones de la tierra" *(Hech 1, 8)*.

· Avemaría

194 "Yo estaré con ustedes todos los días hasta el fin del mundo" *(Mt 28, 20)*.

· Avemaría

195. "Se fue elevando a la vista de ellos, hasta que una nube lo ocultó a sus ojos" *(Hech 1, 9)*.

· *Avemaría*

196. Los discípulos quedaron extasiados, mirando al cielo.

· *Avemaría*

197. La Santísima Trinidad corona a la Virgen María como Reina de cielos y tierra.

· *Avemaría*

198. La Iglesia aclama repetidamente a la Virgen María como Reina.

· *Avemaría*

199. Jesús resucitado, el Hijo de María, es el Rey del universo.
· *Avemaría*

200. Jesús es también el Sumo Sacerdote, que intercede por nosotros al Padre.
· *Avemaría. Gloria al Padre...*

Las oraciones finales y la letanía están en las páginas 135-138.

Oraciones finales

(Por las intenciones del Papa)

Después de los misterios se reza:
Padre nuestro, que estás en el cielo...

– Dios te salve, María Santísima, hija de Dios Padre, Virgen purísima antes del parto, en tus manos encomiendo mi fe para que la ilumines, llena eres de gracia...

– Dios te salve, María Santísima, Madre de Dios Hijo, Virgen purísima en el parto, en tus manos encomiendo mi esperanza para que la alientes, llena eres de gracia...

– Dios te salve, María Santísima, esposa de Dios Espíritu Santo, Virgen purísima después del parto, en tus manos encomiendo mi caridad para que la inflames, llena eres de gracia...

– Dios te salve, María Santísima, templo, trono y sagrario de la Santísima Trinidad, Virgen concebida sin mancha de pecado original, Dios te salve... (se reza la Salve).

Letanía

Señor, ten piedad de nosotros. *R. Señor, ten piedad de nosotros.*
Cristo, ten piedad de nosotros. *R. Cristo, ten piedad de nosotros.*
Señor, ten piedad de nosotros. *R. Señor, ten piedad de nosotros.*
Jesucristo, óyenos. *R. Jesucristo, óyenos.*
Jesucristo, escúchanos. *R. Jesucristo, escúchanos.*
Dios, Padre celestial. *R. Ten piedad de nosotros.*
Dios Hijo, Redentor del mundo. *R. Ten piedad de nosotros.*
Dios Espíritu Santo. *R. Ten piedad de nosotros.*
Santísima Trinidad que eres un solo Dios. *R. Ten piedad de nosotros.*
Santa María. *R. Ruega por nosotros.*
Santa Madre de Dios. *R. Ruega por nosotros.*
Santa Virgen de las vírgenes. *R. Ruega por nosotros.*
Madre de Jesucristo. *R. Ruega por nosotros.*
Madre de la Iglesia. *R. Ruega por nosotros.*
Madre de la divina gracia. *R. Ruega por nosotros.*
Madre purísima. *R. Ruega por nosotros.*
Madre castísima. *R. Ruega por nosotros.*
Madre virgen. *R. Ruega por nosotros.*
Madre sin mancha. *R. Ruega por nosotros.*
Madre inmaculada. *R. Ruega por nosotros.*
Madre amable. *R. Ruega por nosotros.*
Madre admirable. *R. Ruega por nosotros.*
Madre del buen consejo. *R. Ruega por nosotros.*
Madre del Creador. *R. Ruega por nosotros.*
Madre del Salvador. *R. Ruega por nosotros.*
Virgen prudentísima. *R. Ruega por nosotros.*
Virgen digna de veneración. *R. Ruega por nosotros.*
Virgen digna de alabanza. *R. Ruega por nosotros.*
Virgen poderosa. *R. Ruega por nosotros.*
Virgen clemente. *R. Ruega por nosotros.*
Virgen fiel. *R. Ruega por nosotros.*

Espejo de justicia. *R. Ruega por nosotros.*
Trono de la eterna Sabiduría. *R. Ruega por nosotros.*
Causa de nuestra alegría. *R. Ruega por nosotros.*
Vaso espiritual de elección. *R. Ruega por nosotros.*
Vaso precioso de la gracia. *R. Ruega por nosotros.*
Vaso de verdadera devoción. *R. Ruega por nosotros.*
Rosa mística. *R. Ruega por nosotros.*
Torre de David. *R. Ruega por nosotros.*
Torre de marfil. *R. Ruega por nosotros.*
Casa de oro. *R. Ruega por nosotros.*
Arca de la Alianza. *R. Ruega por nosotros.*
Puerta del cielo. *R. Ruega por nosotros.*
Estrella de la mañana. *R. Ruega por nosotros.*
Salud de los enfermos. *R. Ruega por nosotros.*
Refugio de los pecadores. *R. Ruega por nosotros.*
Consoladora de los afligidos. *R. Ruega por nosotros.*
Auxilio de los cristianos. *R. Ruega por nosotros.*
Reina de los ángeles. *R. Ruega por nosotros.*
Reina de los patriarcas. *R. Ruega por nosotros.*
Reina de los profetas. *R. Ruega por nosotros.*
Reina de los apóstoles. *R. Ruega por nosotros.*
Reina de los mártires. *R. Ruega por nosotros.*
Reina de los confesores. *R. Ruega por nosotros.*
Reina de las vírgenes. *R. Ruega por nosotros.*
Reina de todos los santos. *R. Ruega por nosotros.*
Reina concebida sin pecado original. *R. Ruega por nosotros.*
Reina llevada al cielo. *R. Ruega por nosotros.*
Reina del santísimo Rosario. *R. Ruega por nosotros.*
Reina de las familias. *R. Ruega por nosotros.*
Reina de la paz. *R. Ruega por nosotros.*

Cordero de Dios, que quitas el pecado del mundo.

R.

Perdónanos, Señor.

Cordero de Dios, que quitas el pecado del mundo.

R.

Óyenos, Señor.

Cordero de Dios, que quitas el pecado del mundo.

R.

Ten piedad de nosotros.

Bajo tu amparo nos acogemos, santa Madre de Dios; no desprecies las súplicas que te hacemos en nuestras necesidades, antes bien líbranos de todos los peligros, ¡oh Virgen gloriosa y bendita!

Ruega por nosotros, santa Madre de Dios.
Para que seamos dignos de alcanzar las divinas gracias y promesas de Cristo. Amén.

Oración:

Te rogamos, Señor, que infundas tu gracia en nuestros corazones, para que así como por el anuncio del ángel conocimos la encarnación de Jesucristo, tu Hijo, por su pasión y su cruz, seamos llevados a la gloria de su resurrección. Por el mismo Jesucristo, nuestro Señor.

Amén.

En el nombre del Padre, y del Hijo, y del Espíritu Santo. Amén.